AF459612

DU DROIT

DES

COLONIES FRANÇAISES

A UNE

REPRÉSENTATION RÉELLE.

DE LA NÉCESSITÉ

D'UNE

DIMINUTION SUR LA TAXE DES SUCRES

DES COLONIES FRANÇAISES.

PAR M. POIRIÉ DE SAINT-AURÈLE.

PARIS,

IMPRIMERIE DE GUIRAUDET,

RUE SAINT-HONORÉ, N° 315.

1832.

Ce principe est incontestable, aussi nul ne l'a contesté.

Pour entrer franchement dans l'esprit de la Charte deux modes d'exécuter se présentent : ou il faut accorder aux Colonies des représentants à la chambre des députés, ou il faut doter ces Colonies d'une représentation locale qui fasse jouir les colons français du droit assuré par la Charte à tous les citoyens. Ce n'est qu'au prix d'une législature locale et *réelle* que les colons peuvent se désister d'envoyer leurs représentants à la chambre des députés. Telle est l'alternative de la question. Hors de ces deux propositions il n'y a plus qu'arbitraire et violation des droits de citoyen français.

Qu'est-il advenu? De ces deux propositions, M. le ministre de la marine, dans son projet de loi, a écarté la première sous prétexte d'*impossibilité*, et, par une division de *dépenses obligatoires* et de *dépenses facultatives*, a tellement dénaturé la seconde, qu'en abandonnant aux conseils coloniaux l'ombre d'un vote illusoire, il a annihilé pour les Colonies la Charte de 1830, en constituant les colons *taillables à merci*. Il est vrai que *le conseil colonial pourra faire des observations sur les dépenses obligatoires, mais il ne pourra les rejeter ni en totalité ni en partie* (projet de loi). Ainsi, quel que soit le budget que le *bon plaisir* de la métropole imposerait aux Colonies, force serait de le payer, quitte *à faire des observations*. Or les colons savent comment on écoute leurs observations.

Et voilà comme on interprète, lorsqu'il s'agit des Colonies, la Charte de 1830, cette Charte décorée du nom de Charte-vérité!

Examinons d'abord l'*impossibilité* qui existe pour les Colonies d'être représentées à la chambre des députés.

En 1791 l'assemblée constituante jugea la chose possible, et la représentation eut lieu. Quels sont donc les obstacles survenus depuis? Aucuns, que nous sachions.

L'éloignement des Colonies de la métropole est l'argument que l'on oppose à l'admission de leurs représentants à la chambre des députés : de là l'*impossibilité* prétendue. Que ce moyen d'exécution présente certaines difficultés, nous le concevons sans peine pour une distance de 1,800 lieues; mais qu'il y ait impossibilité, c'est ce que nous sommes loin d'accorder, surtout lorsque l'on voit constamment en France, et particulièrement à Paris, plus de deux cents colons qui y résident, soit pour leurs affaires, soit pour leur plaisir. Sur ce nombre, il serait facile, ce me semble, d'en trouver huit ou dix qui consentissent à habiter la capitale pour les affaires de leur pays.

Voici la principale objection : En cas de dissolution de la chambre, une seconde chambre aurait le temps d'être convoquée et réunie avant que la nouvelle de la dissolution de la première fût seulement parvenue dans les Colonies. Le même inconvénient résulterait de la mort d'un député colon.

Cette objection peut être fondée, surtout pour l'île de Bourbon.

Mais il nous semble qu'il serait assez simple d'aplanir une pareille difficulté, qui, après tout, est de peu d'importance. Voici ce que nous proposerions :

En envoyant à la chambre deux députés chacune, la Martinique et la Guadeloupe nommeraient un nombre égal de *suppléants* dont l'office serait de remplacer ces députés en cas de maladie ou de décès. Ces suppléants résideraient à Paris.

En cas de dissolution de la chambre, et de convocation d'une chambre nouvelle dans un temps donné d'un court espace, les députés colons jouiraient provisoirement du privilége de la réélection, et continueraient à siéger jusqu'à l'arrivée de leurs successeurs, si toutefois ils n'étaient pas réélus. Et, afin que la mesure fût légale, leur mandat pourrait exprimer cette clause formelle. Ce mode nous paraît d'une exécution facile et satisfait à toutes les exigences. Ce que nous disons ici de la Guadeloupe et de la Martinique s'appliquerait également à Bourbon et à Cayenne.

Certes, ce serait manifester un intérêt véritable et bien entendu, en faveur des colons, que de les admettre à la chambre. C'est là seulement, c'est du haut de la tribune que leur voix pourrait répondre victorieusement aux absurdes calomnies que l'on a trop long-temps prodiguées à ces pays lointains et si peu connus. Nous devons l'avouer avec honte et avec douleur, les Français, en général, sont d'une ignorance profonde sur tout ce qui concerne, je ne dirai pas les contrées étrangères, mais leurs propres Colonies; et cependant, chose effrayante! ils en parlent avec une assurance qui bien souvent nous ferait sourire si elle ne nous faisait trembler. Il existe plus d'un membre, à la chambre, qui non seulement n'a jamais eu occasion de s'informer des populations, des mœurs, du régime intérieur, et des localités des Colonies françaises, mais qui est encore à savoir si à la Guadeloupe et à la Martinique on parle indien, français, ou espagnol; et pourtant ce sont ces mêmes hommes qui sont appelés à faire des lois pour les pays d'outre-mer, et à décider sur le sort de leurs habitants! Nous leurs devons néanmoins cette justice que, pleins de candeur, ils conviennent avec bonne foi qu'ils sont étrangers à ces questions, et qu'ils ne demandent qu'à s'instruire de la vérité.

Ce serait une tâche facile que de les éclairer sur ces matières s'ils avaient pour collègues des hommes nés dans nos possessions lointaines, et dont l'intérêt serait de faire connaître la vérité tout entière. Le moment serait propice, aujourd'hui que la calomnie contre les colons est chose si usée, que leurs adversaires même n'y croient plus, si jamais ils y ont cru avec sincérité !

Chacun peut se rappeler ce qui a été dit à la tribune à l'égard des *libres de Savanne*, au sujet de la morue, cette manne des Antilles, nourriture habituelle et journalière des Créoles, et sur les jarrets coupés aux nègres marrons, incrimination aussi fondée que si l'on reprochait à la France actuelle la question ou la torture. Si des députés colons siégeaient à la chambre, d'aussi graves erreurs seraient immédiatement relevées, ou plutôt ne s'y seraient jamais dites : car, dans la discussion extra-parlementaire des intérêts divers, chaque député pourrait, par le commerce et l'échange des idées, rectifier les siennes ou celles de ses collègues, et puiser à une source certaine les connaissances qui lui manquent sur tels ou tels sujets. Pour se convaincre davantage de cette vérité, nous ne voulons faire qu'une question : D'où vient qu'à la chambre il ne se débite de lourdes erreurs qu'au sujet des Colonies? C'est que cette importante question est la seule qui n'ait point de représentants spéciaux.

Et comptez-vous pour rien les conséquences que traîne à sa suite une idée fausse lancée du haut de la tribune sans un champion pour la combattre, et qui, par cela même, retentit comme une vérité dans la France entière ? Trouvez-vous bien généreux d'attaquer l'homme à qui vous avez interdit la défense? Vous n'écoutez que ses accusateurs, et vous-mêmes, sans le vouloir, vous en grossissez le nombre en répétant des bruits vulgaires que vous n'avez jamais approfondis. Il fut un temps où le premier harangueur qui désirait faire de la popularité se ruait à la tribune pour y vociférer de la philanthropie aux dépens des colons ; et, comme le champ de la défense était fermé à ces derniers, les arguments de leur ennemi, tout ridicules qu'ils étaient, ont paru souvent péremptoires. Ce temps est passé, direz-vous. Oui, nous savons que cette fièvre philanthropique est aujourd'hui de mauvais goût ; mais le mal qu'ont produit les déclamateurs est-il passé ?

Il est une remarque que toute personne attentive a pu faire : c'est que les Colonies sont un principe d'ordre et de tranquillité, que leur sort a toujours été intimement lié au sort du gouvernement, qu'elles n'ont été bouleversées et que Saint-Domingue n'a péri que lorsque la monarchie elle-même a péri en France.

Aussi, dans le *Rapport sur le projet de loi relatif aux Colonies* (rapport que nous considérons comme l'expression de l'opinion individuelle de son auteur), nous pensons que M. Passy s'est étrangement trompé lorsque, en supposant l'admission à la chambre de députés colons, il s'écrie : « Que leur importent nos appels d'hommes, nos lois de finance, nos emprunts, notre organisation administrative »?

Tout leur importe lorsqu'il s'agira d'assurer le repos et la prospérité de la mère-patrie, d'où dépendent le repos et la prospérité des possessions d'outre-mer. La moindre secousse sur ce sol européen, volcanisé par les révolutions, peut faire sentir d'affreux contre-coups à 2,000 et 4,000 lieues. Des députés colons voteront toujours pour les mesures d'ordre, de paix, d'industrie et de tranquillité, parce que les Colonies ne vivent que de ces conditions; c'est leur besoin, c'est leur existence; et les colons savent trop bien quelle influence peuvent exercer au loin les perturbations de la France. L'expérience du passé n'est point perdue pour eux.

Après cette exclamation, M. le rapporteur ajoute : « Presque tout ce qui forme notre vie sociale « leur est complétement étranger. »

Cette supposition est injurieuse autant que gratuite. Sur vingt colons vous en trouverez facilement quinze qui ont été élevés en France, où ils ont passé leur jeunesse, et où ils ont observé et étudié ce qu'il n'est plus permis à personne d'ignorer en politique. Tout ce qui forme la vie sociale des Français d'Europe leur est aussi familier qu'aux propriétaires d'usines et aux fabricants d'étoffes qui, de la veille au lendemain, se réveillent transfigurés en législateurs de leur pays, uniquement parce qu'ils payent 500 fr. d'impositions.

Nous n'étendrons pas plus loin nos réflexions sur ce rapport, qui se trouve non avenu.

Le projet de loi du ministère de la marine présentait un caractère de défiance envers les Colonies qui a excité des inquiétudes parmi les chambres de commerce de plusieurs ports du royaume, et notamment du Havre. Le commerce de cette ville a adressé, à ce sujet, un mémoire à M. le ministre de la marine pour lui faire part de ses craintes et de toute sa sollicitude à l'égard des Colonies. Les chambres de Marseille et de Nantes se proposent de suivre l'exemple donné par celle du Havre.

Si les colons ont perdu tout espoir de siéger à la chambre des députés, si cette dernière a cru, avec trop de facilité, à l'impossibilité d'une représentation coloniale dans son sein, il est de toute justice qu'elle en dédommage les Colonies par une législature locale, large, réelle, et basée sur la Charte de 1830, qui veut que ces pays soient régis par des lois. Or est-il possible de refuser aux habitants d'un pays français le droit de participer à la confection des lois qui doivent les gouverner?

Si l'on commettait, en France, une pareille violation de principes à l'égard d'un seul département, demain tous les départements se soulèveraient en masse, et vous auriez une révolution.

Il faut donc qu'une législature locale investisse les conseils coloniaux du droit de voter l'impôt;

Et du droit de voter les lois de régime intérieur, c'est-à-dire toutes celles concernant des objets spéciaux aux Colonies, tels que la police intérieure, l'esclavage, l'état des personnes non libres, les formalités de leur affranchissement, et tout ce qui a rapport à cette classe d'individus.

Ces lois seront soumises à la sanction du roi.

Sans cette part faite aux Colonies, l'article 64 de la *Charte-vérité* n'est plus qu'une déception, qu'un principe spécieux jeté en avant et dont on refuse d'admettre les conséquences.

Voici la part de la métropole : l'organisation judiciaire, les lois civiles et criminelles, les droits de douane, les tarifs, les milices, la défense des Colonies, les lois sur leur commerce, leurs relations avec l'extérieur, etc. La centralisation en personne n'oserait être mécontente d'un pareil partage.

Il est nécessaire que, dans le cas de suspension de communications entre la métropole et ses Colonies, inconvénient qui peut résulter d'une guerre avec l'Angleterre, il est nécessaire, disons-nous, que la machine administrative des Colonies puisse marcher d'elle-même, sans attendre une loi d'Europe, et sans être contrainte d'en passer par les pleins pouvoirs d'un gouverneur. En exerçant le droit de voter l'impôt et de faire des lois pour l'intérieur, le conseil colonial remédie à tout.

On croirait, en vérité, qu'un empire aussi puissant et aussi formidable que la France a peur que trois ou quatre petites îles lui échappent si elle leur accorde ce qu'elle ne peut leur refuser sans violer tous les principes de la justice. L'exemple des troubles de Bourbon devrait apprendre à la métropole que le provisoire est mortel pour les Colonies, et que leurs habitants attendent une interprétation de la Charte mieux comprise que celle que lui prête le projet de loi du ministère de la marine.

En définitive, que demandent les Français des Colonies? D'être assimilés aux Français de la métropole, dans la part qui leur est due à la confection de leurs lois, et dans le partage égal des taxes imposées aux productions de leur sol.

En accordant un privilége aux denrées de ses Colonies, la France s'est réservé le privilége exclusif d'approvisionner ces pays de tous les objets de consommation qui leur sont nécessaires. Rien de plus juste, et la convention est observée de part et d'autre. Mais est-il juste, est-il même dans les intérêts du fisc de frapper les productions coloniales d'une taxe aussi élevée? C'est ce que nous allons examiner.

Nous puiserons des faits et des exemples chez nos maîtres en économie politique ainsi qu'en commerce. Puissions-nous mettre à profit leurs expériences, et renoncer enfin à cette vieille routine dont nous avons tant de peine à nous affranchir! Il n'est pas de peuple plus amoureux des idées nouvelles que les Français, dit-on communément. Soit, sous certains rapports; mais, sous d'autres aussi, il n'existe point de peuple chez lequel certaines idées aient plus de peine à se naturaliser. Nous nous complaisons dans nos illusions, nous nous croyons avec candeur le peuple le plus industrieux et le plus éclairé du monde ; mais la vérité est que, pour l'industrie, nous marchons après les Anglais, les Allemands, les Hollandais et les Suisses ; et, pour l'instruction populaire, nous nous traînons à la suite des Américains, des Allemands, des Anglais, etc. Quelque vicieuse que soient nos lois de douane, nous sommes convaincus de leur excellence. Voyons la marche suivie par les Anglais, et rendons-nous à l'évidence des raisons de leurs économistes.

Nous voulons constater un fait, c'est que l'augmentation du revenu public ne suit pas toujours celle des taxes, et qu'il arrive très souvent que les impôts sont réduits sans que ce revenu diminue. Les opinions erronées qui ont prévalu jusqu'ici sur ce point important d'économie politique ont été fécondes en résultats désastreux. Il est inutile de démontrer que l'excessive élévation des droits ravit au peuple son bien-être, et corrompt sa moralité en encourageant les fausses déclarations, la fraude et la contrebande. Ces vérités sont généralement reconnues.

Il est évident que, si la consommation des marchandises imposées augmente en raison de la réduction du droit, le revenu ne diminuera pas en proportion de cette même réduction ; il est probable, au contraire, qu'il éprouvera un accroissement positif et considérable. Nous sommes prêt à démontrer que, loin d'entraîner la moindre diminution dans les recettes, la réduction augmentera immédiatement la consommation, et sera, par cela même, un des moyens les plus efficaces d'accroître le revenu. Citons des exemples.

En 1787 Pitt diminua le droit sur le vin et les esprits de 50 p. 100, et cependant le produit augmenta considérablement. La dernière augmentation de droit sur les vins étrangers a eu lieu en 1815. En 1814, le produit des perceptions faites par les douanes, sur les vins étrangers, s'était élevé à 1,061,416 livres sterl. En 1816, après l'augmentation, il ne fut plus que de 780,238 livres sterl. Jamais depuis il n'a atteint un million.

Avant 1745, l'accise, qui était de 4 shellings par livre de thé, rapportait, année commune, environ 150,000 livres, ce qui n'aurait supposé qu'une consommation de 750,000 livres; mais la contrebande était, à cette époque, extrêmement active, et la consommation réelle du thé dépassait de beaucoup la consommation apparente. Pour réprimer cette importation clandestine, on présenta, en 1745, un bill par lequel le droit d'accise sur le thé fut réduit de 4 shellings à 1 shelling et 25 p. 100 *ad valorem* : cette mesure réussit au-delà de toute espérance. En 1746 la vente du thé, pour la consommation intérieure, s'éleva à plus de *deux millions* de livres pesant, et le produit de la taxe à 243,309 livres sterl.

En 1748, les droits furent élevés de nouveau, et

le revenu n'augmenta pas dans une proportion correspondante. Comme l'usage du thé était devenu général, la contrebande fut portée à un degré où on ne l'avait pas encore vue. En 1748, les ministres, après avoir vainement tenté d'opposer à la contrebande d'autres mesures préventives, revinrent au précédent de 1745, et réduisirent le droit sur le thé de 119 à 12 1/2 p. 100. Cette mesure ne fut pas moins heureuse que la première. La contrebande et la falsification cessèrent aussitôt. La quantité de thé vendue par la compagnie des Indes fut triplée dans le cours des deux années qui suivirent la réduction. En 1795 et 1796, la compagnie vendit 20,000,000 de livres de thé par an; en 1799, environ 25,000,000. Comme depuis lors il n'y a pas eu de réduction, il n'en a pas été vendu annuellement une plus grande quantité.

Dans les trois années qui suivirent 1803, les droits sur le sucre furent augmentés de 50 p. 100. Le produit moyen des trois années qui précédèrent l'augmentation avait été de 2,778,000 livres. Le produit de 1804, après qu'ils avaient été augmentés de 20 p. 100, fut seulement de 2,537,000 livres, c'est-à-dire de 241,000 livres de moins qu'avant l'élévation du droit. Et, lorsqu'en 1806 et 1807, ce droit fut de 50 p. 100 au-dessus de ce qu'il était en 1803, le produit fut seulement de 3,133,000 livres, au lieu de 4,167,000 livres, comme il eût été s'il n'y avait pas eu diminution dans la consommation.

Ainsi, en 1804, la consommation et le revenu ont diminué, et dans les deux années suivantes, le revenu s'est fort peu augmenté, et la consommation a été considérablement réduite.

Les résultats de l'élévation du droit sur le café sont encore plus remarquables. Avant 1783, les droits de tout genre qui pesaient sur le café importé en Angleterre étaient de 480 p. 100 *ad valorem*. Le produit annuel des droits n'était que de 2,869 livres 10 shellings 10 den. (1) [71,738 f. 20 c.].

En 1783 Pitt diminua les droits d'environ un tiers, et cette mesure eut pour effet d'en tripler le produit, et de réduire presque à rien la contrebande, très considérable jusque là.

Depuis 1790 jusqu'en 1794 inclusivement les droits étaient de 11 deniers (1 fr. 10 c.) par livre. La consommation annuelle en Angleterre fût dans cet intervalle de 871,000 livres, et le produit des droits de 39,875 livres.

En 1805 on l'augmenta d'un tiers; et le produit, au lieu de s'élever dans la même proportion, diminua d'un huitième. A la fin on sentit que le café avait été surtaxé, et on réduisit le droit de 2 shellings à 7 deniers. Les effets de cette mesure furent immédiats. Le produit moyen des trois années pendant lesquelles on avait maintenu l'élévation du droit fut de 166,000 livres, et le produit moyen des trois

(1) Il est toujours question de la livre sterling dans tous ces calculs.

années qui suivirent la réduction fut de 195,000 livres; ce qui prouve que la consommation avait quadruplé.

En 1803, M. Perceval, chancelier de l'échiquier, réduisit à 7 deniers (73 cent.) les droits sur le café. Cette mesure eut tout le succès qu'on devait en attendre. La quantité de café consommé à l'intétérieur de 1808 à 1812 s'éleva de 1,113,000 à 7,177,000 livres, et le produit des droits de 121,698 à 209,334 livres (5,233,350 fr.). On ne trouverait pas, dans toute l'histoire de l'impôt, un exemple qui prouve mieux l'utilité qu'il y a à n'établir que des taxes modérées sur les objets de consommation générale.

D'après de tels faits, il est impossible que l'on continue à persévérer dans un système insensé. N'est-il pas monstrueux de priver tout un peuple, par des contributions énormes, de la plupart des agrémens de la vie, sous le prétexte absurde de conserver intact le revenu public, lorsqu'il est aussi clair que le jour qu'au lieu de diminuer, ce revenu augmenterait de beaucoup si ces contributions étaient réduites.

En voulons-nous un exemple de plus puisé chez nous-même ? En 1775, M. Turgot réduisit à moitié les droits sur le poisson qui se vendait dans les marchés de Paris, et, malgré cette réduction, le produit de ces droits ne fut pas diminué. Qu'en conclure, si non que la consommation avait doublé aussitôt que les consommateurs avaient pu se procurer cet aliment à meilleur marché.

Et pourquoi, par un intérêt mal entendu, priverait-on les masses d'objets devenus de première nécessité, tels que le sucre et le café.

On a fait le calcul que, l'un dans l'autre, chaque individu en France consommait trois livres de sucre par an.

Si les droits énormes qui pèsent sur le sucre étaient réduits de moitié, comme le bon sens et l'équité exigeraient qu'ils le fussent, nous mettons en fait que la consommation de cette denrée triplerait sur-le-champ. Car non seulement les personnes qui en font un usage journalier doubleraient, pour le même prix, leur consommation, mais une foule de gens à revenus modiques, qui, vu l'élévation du droit, d'où résulte la cherté de la denrée, ne peuvent s'en permettre la jouissance, auraient dès lors la facilité d'y atteindre. L'usage deviendrait bientôt habitude, et, l'habitude une fois contractée, le sucre serait pour tous un objet indispensable. Or, la consommation de cette production des tropiques triplant en France, nous le demandons, le fisc y perdrait-il? son revenu ne s'accroîtrait-il pas au contraire?

Croirait-on qu'une idée aussi simple ait eu tant de peine à s'infiltrer dans la tête de nos économistes?

Et n'est-ce pas une criante injustice que le produit d'un sol français soit frappé d'une taxe aussi exorbitante, tandis que toutes les autres productions du sol de France, à l'exception des vins, sont affranchies de toute taxe? Quelle est donc cette différence entre des Français et des Français? leur titre change-t-il selon les lieux ou selon les produits? Le sucre de betteraves qui se fabrique en France sera libre de toute imposition, et le sucre de cannes fabriqué dans les Colonies françaises sera grevé d'une taxe de 49 fr. 50 cent. par 100 kil.? Etrange impartialité d'un état dans la protection qu'il accorde aux enfants d'une même patrie! Vous voulez favoriser une industrie, rien de mieux; mais devez-vous, ailleurs, écraser la même industrie?

En réduisant le droit de 49 fr. 50 cent. à 30 fr., les sucres, qui depuis quelques années se vendent dans les colonies de 17 à 22 fr. les 50 kil., se vendraient de 24 à 28 fr. Or personne n'ignore que, afin que l'habitant planteur puisse retirer l'intérêt de son capital, il faut que le sucre vendu sur les lieux ressorte de 28 à 30 fr. les 50 kil.

Par une conséquence naturelle, la diminution de droit se partagera entre le producteur et le consommateur. Si le producteur éprouve un léger soulagement par cette réduction du droit, le consommateur en éprouvera un bien plus important et plus immédiat: car la marchandise sera de suite livrée à meilleur marché en France; et, tous les frais accessoires qui se prélèvent sur la vente brute de la denrée venant à diminuer, le prix que paie le consommateur en diminura d'autant.

A mesure que la consommation augmentera en France, il faudra un plus grand nombre de navires pour aller chercher une plus grande quantité de denrées. Les nombreuses professions qui se rattachent à l'expédition et à l'armement des navires s'en ressentiront. Nul doute qu'en allant demander aux différents pays de production les sucres et les cafés dont nous aurons besoin en plus, nous ne réussissions à habituer ces différents peuples à consommer une partie des produits de nos manufactures. De là une source nouvelle de prospérité pour notre industrie. Les colons eux-mêmes, jouissant d'un peu plus d'aisance, tireront de France un plus grand nombre d'objets manufacturés, et seront à même d'améliorer encore davantage la condition de leurs nègres. Le bien-être moral de ceux-ci dépendra toujours en grande partie de la prospérité matérielle du pays.

On peut se faire une idée de l'importance du commerce avec les Colonies en voyant le développement extraordinaire qu'a acquis, depuis deux ans, le commerce de Marseille. Dans le cours de cette année, 1832, Marseille recevra plus de sucres de nos Colonies que tous les autres ports de la France ensemble. Ces sucres, après avoir été raffinés, sont exportés pour la Suisse, l'Espagne, l'Italie, l'Egypte, le Levant et la mer Noire, pays où à peine nous étions appelés il y a peu d'années à fournir quelques quintaux de sucre, et que les Anglais seuls avaient eu le privilége d'approvisionner. Sous ce rapport, Marseille rivalise aujourd'hui avec avantage le commerce anglais dans toute la Méditerranée et sur plusieurs autres points. Telle est l'origine des fortunes considérables qui se sont faites dans cette ville : aussi d'habiles spéculateurs s'empressent-ils d'y établir de nouvelles raffineries. Grâce à ses relations avec les Colonies, qui ont prodigieusement étendu ses relations avec les autres contrées, Marseille est regardée aujourd'hui comme la troisième place commerciale de l'Europe; elle prend son rang après Londres et Liverpool.

En obtenant la diminution que nous demandons sur les droits des sucres et des cafés, Bordeaux ne tarderait pas à imiter l'impulsion donnée par Marseille, et pourrait approvisionner de ces denrées une partie de l'Espagne et du Portugal.

Que si l'on objectait à notre demande la hausse actuelle des sucres, nous répondrions que cette hausse est momentanée et tient à des calamités étrangères. En voici les causes.

Dans les derniers troubles de la Jamaïque, près de 300 établissements à sucre ont été brûlés. La fabrication a donc été presque nulle dans cette Colonie.

La récolte de sucre a totalement manqué au Brésil.

Par suite de pluies abondantes et des inondations du Mississipi la récolte a été perdue à la Louisiane. Les Américains ont accaparé de suite les sucres de la Havane.

Dans les Antilles, la sécheresse a fait périr partout un grand tiers des cannes. La Guadeloupe, qui annuellement produit 70,000 barriques de sucre, n'en produira pas, cette année, au-delà de 50,000; et, dans une proportion semblable, la Martinique, au lieu de 60,000 barriques, n'en fournira pas plus de 40 à 45,000.

Telles sont les diverses causes réunies qui ont fait monter le prix des sucres à 67 fr. 50 c. la bonne quatrième. Autrement les prix auraient flotté entre 55 et 60 fr.

La bonne quatrième de 50 à 60 fr. par 50 kil. paie 24 fr. 75 c. de droits, comme à l'époque où elle se vendait 90 et 100 fr. En ajoutant à ces 24 f. 75 c. de droits par 50 kil., le fret ordinaire de 12 deniers ou 5 fr. les 50 kil., les assurances, commissions, magasinage, et la longue kyrielle de frais que paient les sucres, il ne reste pas plus de 10 à 12 fr. au producteur.

Ce n'est qu'en diminuant les droits sur les sucres que l'on pourra parvenir avec succès à anéantir la contrebande qui se poursuit particulièrement entre les départements voisins de la Belgique et cet état. Le consommateur, qui cherche à satisfaire à ses besoins au meilleur marché possible, favorisera toujours la fraude s'il y trouve son compte. C'est au gouvernement à agir de telle sorte que son intérêt et celui des consommateurs ne soient qu'un. Et pour y réussir, il faut faire baisser le prix de la denrée en la déchargeant d'une partie des droits qui pèsent sur elle.

Au reste, un raisonnement aussi simple, aujourd'hui populaire en France, commence à prendre faveur parmi les intelligences administratives. Les hommes du fisc se sont mis, depuis peu, à comprendre cet axiôme : que plus vous diminuez les droits d'une production, plus la consommation augmente, et partant, plus elle rapporte au trésor. Une loi de douane qui assure le bien-être des masses et procure un avantage reconnu au fisc est le chef-d'œuvre de l'économie politique.

C'est donc au nom de la masse des consommateurs, c'est au nom d'une population de 32 millions d'habitants que nous demandons une réduction de droits sur le sucre et sur le café des Colonies françaises.

Pour le sucre, nous demandons que le droit existant de 49 fr. 50 c. par 100 kil. soit réduit à 30 fr. les 100 kil.,

Et pour les cafés, que le droit de 66 fr. par 100 kil. soit réduit à 40 fr. les 100 kil.

Quant aux sucres étrangers, il suffira d'en réduire le droit de 101 fr. à 90 fr. les 100 kil.

Nous croyons notre demande raisonnable, fondée

sur la justice, l'expérience et le bon sens, et sur les intérêts bien compris du gouvernement. Soulager les producteurs et les consommateurs sans que le gouvernement y perde, telle est la raison d'état de ce siècle industriel.

Le commerce avec les Colonies est-il avantageux? Les Colonies coûtent-elles ou rapportent-elles à la France?

Nous allons résoudre arithmétiquement ces deux questions : car pour les solutions commerciales et administratives, Barême est le premier des logiciens, et les chiffres raisonnent la politique mieux que tous les théoriciens du monde.

Sans invoquer le témoignage du Havre, de Marseille, de Nantes, de Bordeaux, etc., nous nous contenterons d'exposer les chiffres suivants dans toute leur nudité.

Les Colonies offrent à la France un débouché d'exportations annuelles pour la somme de 50 à 55 millions.

Toute balance établie, le bénéfice du commerce de France avec ses Colonies s'élève de 16 à 17 millions.

Le fisc prélève annuellement sur les denrées coloniales des droits montant de 36 à 40 millions.

L'on nous objectera sans doute que la France prélèverait les mêmes droits sur les denrées étrangères si elles étaient admises. Soit ; mais un bénéfice annuel que retire la France de ses Colonies et qu'elle affecte d'oublier de porter en compte, c'est le tiers des revenus coloniaux, c'est-à-dire la somme de 22,500,000 fr. provenant des dépenses des colons en France, de l'éducation de leurs enfants, des ventes d'habitations qui se paient en France avec les produits des Colonies, du transport et du placement en France des revenus des habitants, etc. La métropole profite de ces *vingt-deux millions cinq cent mille francs*, quoique ses douanes n'en fassent pas mention.

Voilà, j'espère, de quoi compenser, et bien au-delà, les malheureux six millions d'allocation que votent annuellement les chambres pour les Colonies. Ces six millions servent à la solde des troupes, car les Colonies paient :

Toute les dépenses de leur administration intérieure ;

Toutes les dépenses de l'administration de la marine ;

Toutes les dépenses de l'administration de la justice ;

Et la métropole, en bonne mère, y a ajouté l'entretien des ports, des places et des fortifications.

Nous le demandons, les Colonies coûtent-elles, ou rapportent-elles à la France ?

Il est des personnes qui voudraient constituer comme frais de dépenses de la métropole pour ses Colonies la différence qui existe entre le prix des sucres coloniaux et le prix que coûteraient les sucres étrangers. Ce raisonnement est d'un consommateur égoïste. Et d'abord, diminuez les droits comme nous le demandons, et vous aurez les sucres des Colonies au même prix que vous auriez les sucres étrangers. Mais, abstraction faite de cette diminution des droits, ces personnes oublient sans doute qu'en accordant un privilége aux denrées coloniales la France s'est réservé le monopole d'approvisionner ses possessions inter-tropicales de tous les objets qui leur sont nécessaires ; qu'elle y exporte annuellement 55,000,000 de produits de son industrie, produits que, sans le privilége réciproque, *les étrangers fourniraient aux Colonies à un tiers et moitié meilleur marché ;* que ces 55,000,000 de produits seraient à peu près perdus pour l'industrie française si elle ne trouvait des débouchés *obligés de les recevoir*, et qu'ils emploient six cents navires de commerce et huit mille matelots. Voilà ce qu'on devrait sans cesse se rappeler ; et certes, jamais raisonnement aussi injuste n'a été mis en avant par des négociants et des industriels. Toutes les nations qui ont quelque intelligence du commerce accordent le privilége aux produits natiotionaux. Les sucres de la Louisiane sont privilégiés dans les Etats-Unis ; il en est de même des sucres des Antilles en Angleterre.

Point de Colonies, point de marine militaire. Sans une marine militaire la marine marchande ne saurait être qu'extrêmement bornée et d'une existence précaire. Que serait-elle sans protection en temps de guerre? Et quelle est la protection d'une marine militaire? Ce sont les lieux de stations, de rendez-vous et de refuge pour toutes les éventualités de la guerre ; ce sont les Colonies.

La France, par sa position géographique sur deux mers et par le voisinage de l'Angleterre, est appelée à être puissance maritime du premier ordre.

Dans ce siècle éminemment métallique le commerce et l'industrie ont pris un développement inconnu jusqu'à nos jours. Il faut à l'industrie française des débouchés lointains, des pays où tout le commerce se fasse par échange. Sous ce rapport, nulle part notre commerce ne trouve les mêmes avantages que dans les possessions françaises d'outre-mer.

En 1820, et au commencement de 1821, on supposait que les Colonies françaises ne produisaient pas assez de sucres pour la consommation de la France (aujourd'hui elles produisent au-delà des besoins de la métropole) : en conséquence le commerce alla chercher du sucre à l'étranger.

Les achats s'élevèrent à 64,000,000.

Les marchandises exportées ne furent que de 22,000,000.

En sorte que le commerce français ajouta, *en numéraire*, la somme de 42,000,000 fr.

Que des relations aussi désavantageuses durent quelques années, et les places de France seront bientôt épuisées de numéraire. Que l'on cesse donc de tromper la nation en lui vantant les avantages de la liberté du commerce ; il n'est malheureusement que trop vrai que ses marchandises seront repoussées avec perte partout où elles rencontreront la concurrence anglaise, dont les produits supérieurs sont livrés à plus bas prix. Si la France essayait de la liberté du commerce, il est de fait qu'elle n'y résisterait pas dix-huit mois, et que la force des choses l'obligerait de revenir au commerce de privilége. Les Colonies trouveraient un avantage marqué à tout recevoir des étrangers, mais elles préféreront toujours leurs relations avec la France sur le pied où elles seraient en obtenant une réduction de droits sur les sucres et les cafés.

Les Anglais, aussi profonds politiques que spéculateurs habiles, affectent depuis quelque temps un dédain philanthropique pour leurs Colonies des Indes occidentales, par la raison que la France y possède *deux îles à sucre* qui suffisent à ses besoins. Les Anglais, comme les marchands de Carthage, *Tyrios bilingues*, ont deux pensées : une qui tend à dégouter la France de ces précieuses possessions, et l'autre, à leur usage, par laquelle ils savent fort bien apprécier l'importance réelle des Antilles. Nous allons produire une manifestation de cette dernière pensée.

Voici comment s'exprime, au sujet de la Jamaïquè, le *Rapport sur l'état de l'Angleterre au commencement de* 1822, *publié par ordre du ministère de Sa Majesté Britannique :*

« Quant à la Jamaïque, il a été fort clairement « établi que cette Colonie est de la plus grande « importance pour le revenu, les richesses, et la « navigation de l'empire britannique. C'est notre « première Colonie pour la culture du sucre, ce « produit du monde des tropiques qui est devenu « maintenant un article tellement nécessaire à l'Eu- « rope civilisée, et d'une consommation telle, qu'il « occupe en valeur et en importance la seconde « place à côté des produits agricoles de nos pro- « pres terres. Pour ce qui regarde le revenu, la re- « cette des douanes pour le sucre se monta en 1821 « à 5 millions (sterl.), somme excédant de 200,000 « livres la recette générale de l'Irlande. Si on le « compare avec le blé, la recette actuelle de l'excise « pour les droits de la drêche en Angleterre fut en « 1821 de 4 millions et demi, et la recette actuelle « des droits sur le sucre, comme on l'a déjà dit, ex- « céda 5 millions.

« Il est très loin de nos vues de déprécier un seul « instant la juste valeur de notre intérêt territorial, « ou de contredire l'assertion des agronomes que « la terre est le principal et presque le seul fonds de « la richesse et des revenus de l'empire. Cette as- « sertion est vraie si les possessions en terre de nos « Colonies s'y trouvent comprises, mais elle ne l'est

« pas si on les omet. Dans un article seul, les droits « sur le sucre, le revenu que produisent les Colo- « nies surpasse celui que nous obtenons par la drê- « che. Si nous ajoutons à cette somme le montant « de nos revenus coloniaux en rhum, en tabac de « toutes sortes, noix de coco, café, poivre, indi- « go, épices, drogues en général, il paraîtra que « les douanes et l'excise sur ces articles ne produi- « sent pas moins de 8,200,000 livres à la Grande- « Bretagne. Maintenant le total de toutes les som- « mes levées sur la terre dans la Grande-Bretagne « et l'Irlande, sur différents articles, tels que bière, « drêche, houblon, et taxes des terres pour l'an- « née 1821, donna une recette totale d'environ 9 « millions : tant sont justes les prétentions de nos « Colonies à sucre et même de nos Colonies en « général à obtenir un degré d'intérêt voisin de « celui que mérite notre intérêt territorial, *nec* « *longo intervallo proximus;* tant sont absurdes « tous les systèmes qui, afin de porter temporai- « rement une attention particulière sur un seul in- « térêt, excluent et déprécient malignement tous « les autres.

« Sur le montant des produits coloniaux, la « Jamaïque seule exporte annuellement cent qua- « tre-vingts millions de livres de sucre ; ce qui « emploie 20 mille tonneaux d'embarquement « anglais et 5 mille matelots, et produit une « somme nette de 2 millions de livres sterling au

« revenu du pays. Telle est la valeur et l'impor-
« tance de la Jamaïque. »

Il y a loin d'un pareil rapport *officiel* à l'abandon apparent des Antilles que projette la politique anglaise. Au reste, le gouvernement britannique est doué d'une vigueur et d'une puissance de volonté qui lui permettent ces sortes d'expériences au détriment des nations voisines; il saura toujours revenir sur ses pas quand son intérêt l'exigera. On peut feindre de négliger quelques îles pour ruiner les deux seules que possède la France, lorsque l'on tient sous sa domination tout l'Indostan, c'est-à-dire un empire de 80,000,000 de sujets, et *surtout quand cet empire fabrique du sucre*. D'où vient que chaque traité de paix a toujours ajouté aux possessions coloniales de l'Angleterre? D'où vient qu'elle a préféré courir les chances d'une guerre à mort avec Napoléon, plutôt que de consentir à la cession de Malte? Jetez les yeux sur une mappemonde, vous serez épouvanté de l'immense étendue et du nombre d'îles, de continents, de caps, de presqu'îles, de points militaires, de peuples anciens et nouveaux, de détroits et d'océans que l'Angleterre possède en propriété. Son pavillon est cloué sous tous les climats, sous toutes les latitudes. Son ambition cosmopolite jalouse toutes les nations, quelque minime que soit leur part hors de l'Europe. Si elle tient si peu à ses Colonies, pourquoi convoite-elle avec tant d'ardeur l'île de Cube? Que ne restitue-t-elle à la Hollande, en dédommagement de la Belgique, Démérari, le cap de Bonne-Espérance, ou l'île de Ceylan, qu'elle a su accaparer pour son compte et qu'elle ne lâchera jamais? Certes, cette restitution de sa part simplifierait plus la question hollandaise que les 69 protocoles de la conférence de Londres. Mais non, c'est ce qui ne sera point, parce que l'Angleterre connaît trop bien l'importance des contrées d'outre-mer. Elle a étendu ses Colonies par sa marine, sa marine par ses Colonies, son commerce et sa suprématie en Europe par ses Colonies et sa marine réunies; autrement elle ne serait que puissance du second ordre. L'Angleterre pèse sur le Globe de tout le poids de 100,000,000 de sujets hors de son île, de tout l'avantage de ses flottes supérieures en nombre aux escadres combinées du reste des nations, de toute la balance de son commerce dans les cinq parties du monde.

Pour parvenir à cet empire universel sur les mers et sur la terre, aucun moyen ne lui a coûté. Et c'est au nom de l'humanité, qu'elle affecte aujourd'hui de répudier quelques îles *voisines des possessions françaises!* Elle a aboli le fouet des commandeurs dans les Antilles; voulez-vous savoir comment ce gouvernement philanthropique traite ses soldats? L'illustre général Foy, après tant d'autres, va nous le dire; écoutons-le :

« Les Anglais des classes inférieures sont peu « sensibles à la honte. L'honneur, mobile trop dé-

« licat pour des organes épais, est remplacé chez « eux par l'esprit public. Ils sont enclins à la mu« tinerie, mais des punitions cruelles les contien« nent dans le devoir. Pour la moindre faute on « fait mettre debout et à plat contre une échelle le « soldat, nu jusqu'à la ceinture; et, dans cette po« sition, les tambours du régiment lui déchirent les « épaules avec un fouet garni de neuf lanières. De« puis quelques années on a limité à CINQ CENTS le « nombre de coups qui peuvent lui être appliqués « dans une vacation, sauf à recommencer le lende« main et les jours suivants, jusqu'à l'entier ac« complissement de la peine. Le fouet et la mort « étaient autrefois les seuls châtiments usités dans « l'armée. On a introduit ensuite l'emprisonnement « solitaire ; mais on regarde généralement cette pu« nition comme trop douce pour des troupes com« posées de paysans grossiers et d'ouvriers dépra« vés. » (*Hist. de la guerre de la Péninsule*, par le général Foy.)

Ces paysans grossiers dont on a limité le châtiment à cinq cents coups de fouet garni de neuf lanières sont les citoyens libres de la vieille Angleterre. Et cependant rien de plus naturel que ce genre de correction aux yeux des Anglais. Il y a quelques mois qu'un étourdi s'avisa de demander l'abolition du fouet dans les armées anglaises ; le parlement rejeta la proposition, et maintint ce mode de châtiment salutaire pour les *blancs*. En revanche, que de larmes n'a-t-on pas versées sur les vingt-neuf coups de fouet que la loi permet de donner à un *noir!*

Nous ne dirons rien du knout et de la schlagg administrés paternellement aux soldats russes, prussiens et allemands, ni des coups de garcette que *toutes les nations de l'Europe* distribuent libéralement à leurs matelots. Il est des classes d'hommes que l'on ne peut contenir dans le devoir que par une discipline corporelle : nous le savons, et ne nous en scandalisons pas ; c'est un moyen nécessaire, indispensable. Mais l'on aurait dû réfléchir à l'énorme disproportion qui existe entre 29 et 500, et ne pas faire du fouet le cheval de bataille de toutes les accusations de cruauté dirigées contre les colons. Et voilà la philanthropie anglaise! (1)

Les Pitt, les Castlereagh, les Canning, et toutes les fortes têtes politiques d'Angleterre, ont toujours été partisans déclarés des Antilles. En 1823, un an après le *Rapport officiel* cité plus haut, M. Canning prononçait à la tribune ces paroles remarquables au sujet d'une pétition sur l'émancipation des Indes occidentales :

« Nous ne devons pas laisser cette question aux « mains du parti anticolonial, *qui n'a pour armes* « *que des demi-vérités* , *les plus dangereuses de tou-*

(1) Les Anglais ont remplacé, dans les Antilles, le long fouet des commandeurs, qui faisait beaucoup de bruit et peu de mal, par un martinet à neuf branches, qui fait beaucoup de mal et peu de bruit. On a admiré cette humanité de leur part.

« *tes les erreurs.* Ce parti ne saura jamais qu'en-
« flammer les passions et égarer les sentiments phi-
« lanthropiques de la nation. C'est à nous de mar-
« cher et d'agir avec cette impartialité à laquelle
« la nation est justement obligée par le sentiment
« de sa participation au crime, *si crime il y a.* »
(*Discours de M. Canning au parlement.* Session 1823-24.)

En ruinant quelques unes de ses Colonies, quel est le but de l'Angleterre ? Elle espère que, par la contagion de l'exemple, la France aussi délaissera les deux seules Antilles qui lui restent. Alors qu'arrivera-t-il ? Que, le commerce anglais étant maître de tous les marchés étrangers, le commerce français, écrasé par la concurrence industrielle de son rival, sera dans l'obligation d'acheter les trois quarts de sa consommation en sucres et en cafés, *argent comptant*, et sous le bon plaisir des négociants anglais qui lui vendront ces denrées au prix qu'il leur plaira. Et, en second lieu, sans Colonies à quoi servirait à la France une marine militaire ? Où seraient ses points de relâche, ses ports de refuge et de ravitaillement ? La condamnerait-on à pourir dans les ports de France? Sans une marine militaire une marine marchande sera toujours à peu près nulle : alors la Grande-Bretagne jouirait paisiblement du monopole absolu du commerce, et de la souveraineté exclusive des mers.

Cette politique est profondément calculée. Mais,

grâce au Ciel, la nation française n'est pas encore tellement aveuglée qu'elle donne tête baissée dans un semblable piége. Jamais peut-être, comme aujourd'hui, notre commerce et notre industrie n'ont autant senti le besoin et l'importance de Colonies pour le débouché de leurs manufactures. Les Colonies sont pour la France industrielle une nécessité indispensable, et si elles n'existaient pas, il faudrait se hâter de les fonder. Laissons l'Angleterre faire des expériences à ses risques et périls (1). Il faudra bien tôt ou tard qu'elle revienne à ses Antilles, parce que tôt ou tard les grandes Indes lui échapperont. Ses hommes d'état l'ont prédit. Que manque-t-il à ces vastes contrées pour secouer le joug des Anglais ? Un seul homme, un de ces hommes que l'Orient enfante de temps à autre pour changer les destinées des nations, un Gengis, un Aurengzeb, un Thamas-Koulikan, et cet homme se rencontrera.

Dans la conflagration générale qui semble menacer l'Europe, si la cession d'Anvers par la Hollande, cession garantie par trois puissances continentales, ou quelque autre motif de politique transcendante, détachait l'Angleterre de son alliance avec la France, il est probable alors que le cabinet de

(1) L'Angleterre toutefois a eu la précaution de ne faire ses expériences qu'aux dépens des Colonies conquises, telles que Sainte-Lucie, la Trinidad, Démérari. Ses colonies primitives ont été jusqu'à présent à l'abri de ses essais malencontreux.

Saint-James porterait son attention et ses forces sur Alger. Et si, par une inconcevable apathie, la France avait le talent de perdre cette magnifique Colonie, vous verriez tout le parti qu'en tirerait l'Angleterre. Entre ses mains Alger parviendrait en peu de temps au plus haut point de prospérité, et je gage que nous aurions la simplicité d'en être tout étonnés. Il existe dans l'archipel des Antilles deux îlots qui sont une dépendance de la Guadeloupe. Les Français, par ignorance, méprisent ces deux îlots; mais les Anglais, qui connaissent nos possessions mieux que nous, en font le plus grand cas et y jettent un œil de convoitise. Ce sont *les Saintes*, que les Anglais ont surnommé avec raison *le Gibraltar des Antilles*. La nature a tout fait pour ces petites îles, qui renferment un port commode et sûr où les frégates et les vaisseaux peuvent hiverner à l'abri des ouragans. A la première déclaration de guerre entre les deux puissances rivales, nul doute que ces contempteurs des Colonies ne cherchent à s'emparer du Gibraltar des Antilles, et s'ils y réussissent, ils rendront *les Saintes* à la France le même jour qu'ils lui restitueront l'Ile-de-France et la Canada. Nous sommes à temps de prévenir de pareils désastres. Occupons-nous sérieusement de nos Colonies avec de bonnes lois autant qu'avec de fortes garnisons (1).

(1) Les Colonies entrent pour beaucoup dans la politique européenne. Sous ce rapport leur importance est incalculable. La Guadeloupe

Il serait plus que temps que le ministère français réclamât la restitution des esclaves fugitifs dont le

et la Martinique ont exercé la plus grande influence sur les destinées de la France à la fin du siècle dernier. Ce fait *historique* est trop capital pour n'en pas consigner ici l'observation. En effet, Napoléon a dû sa fortune militaire *à deux Créoles*. Dugommier (de la Guadeloupe), qui le premier devina le génie de Bonaparte, devint son protecteur et lui procura de l'avancement. On peut dire que Joséphine (de la Martinique) apporta en dot à son mari le commandement de l'armée d'Italie, qui fut le point de départ d'où il s'élança à cette élévation qui étonna le monde. — Mais, dira-t-on, un homme tel que Napoléon aurait toujours su s'élever de lui-même. — L'assertion est douteuse. Que de génies étouffés faute d'un théâtre pour se développer et d'une main amie pour les pousser sur ce théâtre ! Nous ignorons ce qu'eût été Bonaparte sans ses protecteurs ; mais nous savons fort bien que ce fut Dugommier qui établit solidement la réputation militaire du jeune officier d'artillerie ; que, Dugommier absent, *le héros de vendémiaire, malgré tout son génie, languit dans la misère et dans un oubli complet*, d'où il ne sortit qu'à l'époque où il s'unit à Mme de Beauharnais par un mariage qui lui valut le commandement de l'armée d'Italie. De là ses victoires et la couronne impériale. Napoléon se montra reconnaissant. Dans son testament il n'oublia point la famille de Dugommier. Il aima toujours les Colonies, et fit pour leur prospérité, leur défense et leur conservation, tout ce qu'il lui fut possible de faire au milieu de ses luttes continentales. Il est vrai qu'une haute politique entrait pour les trois quarts dans ses affections coloniales. Un génie comme le sien savait apprécier ces établissements transatlantiques, si nécessaires à la France. Depuis que le souvenir du GRAND HOMME est devenu une idolâtrie, nous ne savons comment il est arrivé que nos hommes d'état aient suivi le contrepied de sa politique à l'égard de ces établissements. Pendant un temps on aurait pu croire qu'ils avaient fait la gageure de perdre le peu de Colonies qui restent à la France, et notamment la Martinique et la Guadeloupe. C'était sans doute par reconnaissance de ce qu'elles avaient contribué à faire Napoléon ce qu'il est devenu.

gouvernement britannique encourage la désertion, au mépris des traités entre les deux nations. Les esclaves dela Guadeloupe et de la Martinique qui débarquent dans une île anglaise reçoivent une paie, vivent dans l'oisiveté et jouissent d'une liberté illégale, tandis que les esclaves anglais de la même île sont soumis au travail. Quelle est cette prime accordée à la désertion ! Ici le but de l'Angleterre est trop visible. Il faudrait que le Gouvernement français fût étrangement dupe pour tolérer plus longtemps un mode aussi inique de dépeupler ses Colonies à sucre de sujets dont elles ont plus besoin que jamais. Il est de son honneur autant que de son intérêt de faire cesser au plus tôt cet indigne manége, qui n'est, après tout, qu'un vol de la propriété. Le nombre de ces esclaves français accueillis dans les îles anglaises est déjà considérable; cet exemple est du plus funeste effet sur la masse de ceux qui restent. Les gouverneurs de nos Colonies ont adressé plusieurs fois, à ce sujet, les représentations les plus pressantes au ministère de la marine. Nous ignorons les démarches qui ont pu avoir été faites par ce département, mais nous doutons fort que le ministère britannique eût rejeté une réclamation aussi fondée que la restitution des esclaves de nos Colonies, si cette réclamation avait été faite avec instance et énergie. Nous supplions M. le ministre de la marine de s'occuper au plus tôt de cette question; question de la plus haute importance pour les établissements placés sous sa tutelle immédiate.

Ce qui fait faute complétement aux Français, et ce qu'on ne saurait trop admirer chez nos rivaux de par-delà la Manche, c'est un plan suivi de politique dans la marche du gouvernement. Chez eux, quels que soient les hommes qui arrivent au pouvoir, le système du gouvernement est là, inflexible, véritable niveau d'airain sous lequel les hommes et les opinions individuelles sont obligés de fléchir, et ce système a toujours été une pensée méditée d'agrandissement. Chez nous, au contraire, chaque changement de ministère fait changer le système du gouvernement. Rien de préexistant, rien de suivi. Il semble que la constance nous imprimerait un caractère de décrépitude. Nous jouons avec les théories fraîches écloses, les doctrines jeunes, les rapports, les commissions, surtout avec les paperasses, et les choses en vont un peu plus mal. Nous entreprenons tout, et rien ne s'achève. Depuis deux ans qu'Alger est en notre pouvoir, quel a été le plan suivi à l'égard de cette conquête? Aucun. Nous en sommes encore à demander si on ne l'abandonnera pas. La multiplicité des systèmes est souvent cause qu'on n'en adopte aucun, et alors le pouvoir jette son ancre de miséricorde dans le *statu quo*. Même vice à l'égard des Antilles. Une déclaration authentique et solennelle du roi ou de la chambre, qui instruirait la France que la volonté du gouvernement est de conserver ses Colonies à toujours, équivaudrait dans ces Colonies, pour la puissance morale, à l'envoi d'un régiment de plus, inspirerait toute confiance au commerce français, et renouerait des transactions languissantes, depuis deux années. Rien n'était plus simple, rien n'était plus naturel : l'a-t-on fait?

Nous livrons ces idées à la sagesse des chambres. Elles vont enfin prononcer, dans cette session, sur l'organisation définitive des Colonies. Qu'elles n'oublient point que ces pays sont partie intégrante du territoire français, et que leurs habitants sont Français; qu'afin que ces établissements puissent prospérer, il est indispensable qu'une loi organique leur délègue le droit de statuer eux-mêmes sur leur impôt et sur leur régime intérieur; que, pour le soulagement des colons comme pour le bien-être des consommateurs de la métropole, il n'est pas moins indispensable de réduire la taxe qui pèse d'un poids énorme sur les denrées produites par ces possessions françaises. L'intérêt senti que la chambre des députés a témoigné pour les Colonies dans sa dernière session est d'un heureux augure pour leur avenir. Cette intelligente assemblée a compris les sympathies du commerce et de l'industrie, et s'est mise au niveau de ces deux puissants leviers du siècle. Si des états secondaires, tels que le Portugal, l'Espagne et la Hollande, sont parvenus, uniquement par leurs Colonies, au plus haut point de prospérité et de richesse, jusque-là que les deux derniers ont pu lutter corps à corps avec la France, que sera-ce de cette France si riche par elle-même, et si féconde en industrie de toutes sortes? Du moment que ces trois états ont vu leurs établissements d'outre-mer leur échapper, on sait le rang qu'elles ont pris et qu'elles occupent aujourd'hui dans la balance européenne. Ces exemples parlent plus haut que tous les systèmes faux des idéologues.

Quant à ces pamphlétaires nébuleux qui consument leur vie à rêvasser un ordre social impossible, qui se sont constitués les adversaires des Colonies pour être quelque chose, et qui barbouillent de la philanthropie sur du papier pour faire encore quelque chose, nous leur répondrons : Lorsque vous aurez assuré une existence à vos ouvriers sans travail; lorsque vous aurez vomi sur les côtes d'Alger tous ces maugrabins de faubourgs, gibier de cour d'assises et de choléra, dont les faces inconnues ne se montrent que dans les séditions et les hôpitaux; lorsque vous aurez répandu un peu d'instruction religieuse parmi les basses classes du peuple (1);

(1) Lors de l'invasion du choléra à Paris le bas peuple s'est conduit comme une bande de sauvages; il s'est montré inférieur aux Kalmoucks et aux Baskirs. On n'oubliera jamais la justice qu'il prétendit se faire à lui-même en assassinant des hommes innocents, sur le soupçon vague d'empoisonnement. Ce sang est retombé sur lui. Il avait nié le fléau, et le fléau l'a horriblement décimé. « *Le choléra exerce ses ravages parmi les peuples en raison de leur plus ou moins de civilisation*, » nous répétait-on jusqu'à satiété il y a six et huit mois, comme motif de sécurité. A ce compte, on pourrait hardiment affirmer que Paris est la capitale

lorsque vous aurez fait disparaître des armées et des marines de l'Europe les fouets, les baguettes, les verges, les bâtons, et les garcettes dont on fouette, dont on déchire, dont on assomme les soldats et les matelots *des nations les plus civilisées du globe;* lorsque, par vos charitables travaux, la mendicité, cette lèpre inconnue aux Antilles, aura été extirpée de France, et qu'une classe entière de blancs, vos compatriotes et vos concitoyens, ne sera plus exposée à périr journellement de faim, de froid et de maladies dans les rues de vos villes, de vos villages et de vos moindres hameaux, en mendiant un morceau de pain que vous leur refusez quelquefois sans pitié; alors, bons philanthropes, vous dont la mission est de pleurer sur toute nation qui n'est pas la vôtre, alors il vous sera loisible de lamenter vos emphatiques doléances sur le sort des nègres. Jusque là, un peu moins d'insouciance pour les blancs de France, vos frères; un peu moins de cet amour d'apparat pour les noirs d'Afrique, complétement étrangers à votre égard. Pour trouver d'innombrables misères, est-il besoin de sortir de chez vous? Le rôle d'apôtres du Congo et de la

la plus barbare de l'Europe. Mais si la vieille Lutèce (*à luto*) rejette avec raison le reproche de barbarie, elle ne peut éviter au moins le reproche mieux fondé d'être de toutes les capitales européennes l'une des plus sales, des plus mal éclairées, et sans contredit la plus turbulente. Nous abandonnons cette remarque à la sollicitude de nos philanthropes.

Guinée est une jonglerie niaise, dont le bon sens public a fait justice. Écoutez et retenez bien ceci : Ces noirs que vous faites si malheureux ne voudraient pas changer leur sort contre celui des paysans de l'Europe. *

* Jusqu'ici les colons n'ont répondu que par le silence du mépris aux calomnies de leurs détracteurs. Ils ont eu foi dans la bonté de leur cause et dans l'impartialité du public. Leur attente n'a point été trompée. Justice enfin a été faite de toutes ces fables absurdes débitées sur leur prétendue cruauté envers leurs esclaves, fables dont on a bercé si long-temps la crédulité européenne. L'opinion publique a fait depuis quelque temps un pas immense en faveur des Colonies. Plus on les connaîtra, plus on appréciera la sagesse des mesures qui les régissent intérieurement, et cette administration patriarchale des maîtres que la haine et l'ignorance ont singulièrement dénaturée. Ces hommes qui discourent des Colonies à tort et à travers devraient se donner la peine d'y effectuer un voyage : ils changeraient complétement d'opinion et en peu de temps. Nous en appelons à la conscience de tous les Européens qui on fait quelque séjour dans les Antilles, ou qui y résident encore. Rien n'égale leur étonnement à mesure qu'ils connaissent par eux-mêmes le régime particulier à ces pays, l'administration des ateliers, le bien-être des nègres, le luxe des négresses, l'affection des esclaves pour leurs maîtres, juste conséquence du gouvernement paternel de ces maîtres. Pour l'Européen toutes ces choses sont de surprenantes nouveautés, dont jusque alors il n'avait nulle idée. Arrivé avec les préjugés d'Europe contre les Colonies, il se hâte de s'en débarrasser, et bien souvent se fixe dans ces pays enchanteurs, enchaîné par la beauté du climat, par la douceur de la vie, et par la puissance des habitudes.

Si le colon dédaigne de se justifier des incriminations de la calomnie, il est des Européens qui l'ont noblement vengé. Comme le témoignage de ceux-ci n'est point suspect, nous choisirons, parmi cent documents précieux à cet égard, le plus récent de tous. Voici un rapport adressé par M. le contre-amiral Dupotet au ministre de la marine sur la tournée qu'il vient de faire, comme gouverneur, dans les différents quartiers de l'île qu'il administre. Nous citons ce rapport de préférence, à cause de son caractère officiel.

Extrait des ANNALES MARITIMES, *Nos* 5 *et* 6.

Fort-Royal, 5 avril 1832.

« J'ai l'honneur de vous annoncer que je viens de parcourir la Martinique du nord au sud, en stationnant dans chaque paroisse et sur un grand nombre d'habitations. Partout j'ai annoncé que je recevrais les réclamations que l'on aurait à m'adresser, et j'ai eu la satisfaction d'achever ma tournée sans qu'aucune plainte m'ait été portée par les diverses classes de la population. Sur toute ma route j'ai trouvé une tranquillité parfaite, les esclaves soumis, traités avec bonté, et manifestant leur joie sur mon passage par des danses comme dans un jour de fête ou de repos.

« La misère ne se fait pas sentir à cette classe ; elle cultive des légumes, élève des bestiaux, et profite au contraire de la cherté des vivres pour vendre ses denrées à un prix très élevé. Les privations ne sont que pour le maître, qui, dans quelques circonstances qu'il se trouve et quels que soient ses moyens pécuniaires, est obligé de fournir à son atelier la nourriture accordée par les règlements. Combien d'Européens qui, ne connaissant pas les Colonies, seraient étonnés de l'aisance dont jouit une classe que l'on croit bien malheureuse ; mais qui, possédant des propriétés qu'elle cultive à son profit, et qui, n'ayant point à s'occuper de son existence à venir, emploie le produit du travail auquel elle peut se livrer dans son propre intérêt à l'achat d'objets de luxe que nos paysans de France sont loin de pouvoir se procurer !

« Dans ma visite sur les diverses habitations que j'ai parcourues, je n'ai eu aucune occasion de faire grâce à des esclaves punis, et la preuve la plus évidente que j'aie pu acquérir est que j'ai trouvé la plus grande partie des cachots ou démolis, ou ne fermant pas.

« La position des colons est certainement encore très pénible ; mais, d'un autre côté, la gêne établit un ordre nécessaire et des privations qu'on n'aurait jamais cru pouvoir s'imposer. Pour peu que cet état de choses continue encore, il servira de leçon pour l'avenir, et le crédit ne favorisera plus des dépenses exagérées.

« La récolte de cette année sera passable dans toute la partie du nord ; celle du sud ne sera pas aussi belle. Au surplus, celle de l'année dernière, qui a souffert par suite des ravages exercés par les rats, n'en a pas moins produit 55,000 barriques de sucre. Il faut espérer que la récolte qui se fait en ce moment ne lui sera pas inférieure.

« Je suis satisfait de la sagesse de la population des villes, quoique cette population soit quelquefois excitée par des pamphlets semés, il est vrai sans fruit, pour troubler la tranquillité. Je continue de marcher dans la voie que vous m'avez tracée pour la délivrance des libertés. Il en résulte un bien déjà sensible parmi la classe des patronés, qui, voyant sa position invariablement fixée, emploie les moyens qu'elle possède à des achats de terre qu'elle cultive. L'ordre et la tranquillité, par conséquent la Colonie, ne peuvent qu'y gagner : car ces individus, sentant la nécessité de s'attacher au sol, se marient, et légitiment ainsi leurs enfants, qui concourront un jour comme les autres habitants à la prospérité du pays.

« Enfin, monsieur le ministre, en me reportant aux époques où j'ai connu les Colonies françaises et étrangères, je puis assurer Votre Excellence que depuis quelques années une amélioration sensible a eu lieu en faveur de la classe des esclaves. Les choses à cet égard sont arrivées à un tel point, que je puis dire sans trop m'avancer que quelques uns refuseraient leur liberté pour conserver les avantages qu'ils trouvent dans leur position. En voici un exemple :

« Me trouvant sur l'habitation Peter-Maillet, au Saint-Esprit, j'entrai dans une des cases à nègres, où l'on ne s'attendait pas à me voir, car mon départ de l'habitation était fixé à l'heure où je faisais cette visite. Je trouvai deux pièces, dont l'une servait d'atelier de menuiserie et l'autre de chambre à coucher, celle-ci meublée d'un fort beau lit et d'une armoire en acajou, glace et montre en or suspendue. Je fis appeler M. Peter, qui ne m'avait pas suivi, et lui demandai à qui appartenait cette case. Il me répondit que c'était celle de son chef d'atelier de charpentage et de menuiserie. Cet homme se présenta avec sa femme. Je les questionnai sur les économies qu'ils pouvaient avoir. Après des regards échangés, la femme répondit qu'ils ne possédaient pour le moment que cinq doublons ; mais qu'ils avaient sept bœufs à vendre, des cochons, des lapins, des volailles, une grande quantité de manioc à récolter et des meubles commencés. Je vis la case du commandeur, aussi bien meublée que la précédente : il avait des chevaux à vendre et les vivres de son jardin. Celles des autres nègres que je visitai furent trouvées convenables et en rapport avec leur plus ou moins d'industrie : car je me suis assuré qu'ils ont tout le temps, après leur tâche remplie, de s'occuper de leurs affaires particulières. Un bon ouvrier tonnelier doit fournir à son maître un boucaut par jour, mais il peut facilement en faire deux : dans ce cas le second lui est payé de 3 fr. à 3 fr. 50 c. En général la presque-totalité des vivres que récoltent les ateliers sont vendus à leurs maîtres et à des prix plus élevés que ceux qu'ils trouveraient dans les villes ou bourgs où ils seraient obligés de les transporter.

« Vous vous ferez facilement une idée du changement de position qu'éprouveraient les esclaves dont il s'agit, puisque, en devenant libres, ils auraient à leur charge femme et enfants, et perdraient la jouissance qu'ils ont pour la vie de leur case et des terres dont ils disposent pour élever des bestiaux ou cultiver des vivres, et enfin l'assurance d'être bien traités quand ils tombent malades.

« On a répété jusqu'à satiété que les esclaves qui ne peuvent plus travailler sont abandonnés dans la plus affreuse misère. J'ai vu le contraire en visitant les infirmeries des différentes habitations. Des vieillards infirmes ou accablés par l'âge y sont traités avec tous les soins qu'on prodigue en Europe à la vieillesse. C'est un tableau qui parle aux yeux des esclaves, et qui les engage à ne point s'occuper de l'avenir, la reconnaissance de leurs maîtres les accompagnant jusqu'au tombeau.

« Voilà, monsieur le ministre, des détails bien minutieux, mais qui, entrant dans mes attributions, doivent être portés à votre connaissance. Puisque tout s'est amélioré dans la Colonie, il faut aussi que l'opinion peu méritée que l'on a de la classe entière des colons ne retombe que sur ceux, en si petit nombre, qui font mal, et dont la justice fait raison quand il y a lieu. »

FIN.

www.ingramcontent.com/pod-product-compliance
Ingram Content Group UK Ltd.
Pitfield, Milton Keynes, MK11 3LW, UK
UKHW021033180726
13838UKWH00004B/1773

9 782329 066585